La Révolution française

de Martine Borda

Dossier

2 → Les causes lointaines de la Révolution

4 → Ce qui a précipité la Révolution

6 → La famille royale

8 → Les trois ordres

10 → Les États généraux

12 → La révolte gronde

14 → Le 14 juillet 1789

16 → La Grande Peur

18 → Le mois d'août

20 → Les journées d'octobre

22 → La fuite à Varennes

24 → La fin de la monarchie

26 → La mort du roi

28 → Les grandes figures de la Révolution

30 → La vie sous la Révolution

32 → La guerre de Vendée

34 → Vers une France nouvelle

36 → Souvenirs de la Révolution

38 **Incroyable mais vrai !**

40 **Jeu /** Paris s'enflamme !

42 **Activité /** Un chamboule-tout révolutionnaire

44 **Le sais-tu ?**

46 **Index et solutions du jeu**

→ info

Les causes lointaines de la Révolution

Diderot *Voltaire* *d'Alembert*

Dîner des philosophes

Les inégalités, le manque d'argent dans les caisses de l'État et la guerre aux États-Unis mènent la France à une situation préoccupante.

■ Des idées nouvelles

Montesquieu, Rousseau et Voltaire, entre autres philosophes, ont, par leurs écrits, jeté le doute sur la **monarchie absolue*** et les privilèges des nobles. Ils ont dénoncé l'inégalité, l'abus de pouvoir, les emprisonnements injustifiés et la censure. Ces idées sont discutées dans des salons, chez les bourgeois, ou dans les cafés.

Monarchie absolue
Régime dans lequel le pouvoir du roi n'est pas limité.

■ La révolution d'Amérique

En 1776, les colonies américaines se rebellent contre l'Angleterre, leur patrie, et proclament leur indépendance (le 4 juillet). Quelques années plus tard, en 1780, Louis XVI engage son armée auprès du général Washington dans la lutte contre les Anglais. Cette décision vaut au roi une grande popularité, mais endette un peu plus la France. La révolution américaine enthousiasme les esprits. Elle va constituer un exemple à suivre pour le peuple français.

Le 19 octobre 1781, à Yorktown, les Anglais capitulent devant les Américains et les Français.

■ Le poids des impôts

Les Français sont inégaux devant l'impôt. Bourgeois, artisans et paysans en paient plus que les classes privilégiées qui n'ont pas à s'acquitter de différentes charges. Ainsi, ils paient des impôts au roi, à l'Église et au seigneur. Par ailleurs, des droits de douane sont exigés aux portes des villes.

Le peuple verse

au seigneur   *à l'Église*   *au roi*

- **le cens** *(un impôt sur la terre)*
- **le champart** *(une partie de la récolte)*
- **la corvée** *(un travail gratuit)*
- **les banalités** *(pour l'utilisation du four et du moulin)*

- **la dîme** *(le dixième de la récolte)*

- **la taille** *(un impôt direct)*
- **la gabelle** *(un impôt sur le sel)*

→ info

Ce qui a précipité la

Le trésor royal est vide. Les intempéries et la famine augmentent encore les difficultés.

■ La faim au ventre

En 1788, dans une grande partie de la France, la récolte de blé est anéantie par la grêle. Le pain devient hors de prix. L'hiver est particulièrement rigoureux. Non seulement le peuple souffre cruellement du froid, mais les rivières gelées empêchent les moulins de tourner et l'on manque de farine. Ainsi, après les intempéries, le peuple français subit la **disette***. Les paysans s'ameutent ici et là. Des hordes de mendiants parcourent les campagnes en semant la peur sur leur passage.

Disette
Manque de nourriture.

■ Le manque d'argent

L'argent ne rentre plus dans les caisses de l'État. Le « petit peuple » ne parvient plus à payer les impôts et les droits des seigneurs. Un traité de commerce, qui a largement ouvert le marché français aux produits anglais, pénalise beaucoup les industries textiles et prive de travail de nombreux ouvriers. Eux non plus ne pourront pas s'acquitter de leurs impôts. Quant au **clergé*** et à la noblesse, ils refusent de payer des impôts auxquels ils ont échappé jusqu'alors.

Clergé
Ensemble des gens d'Église.

Révolution

■ L'indécision du roi
Louis XVI pourrait envisager des réformes, mais il est peu conscient de la gravité du moment. Il refuse d'abord de réunir les **États généraux***. Il craint que cette réunion ne porte atteinte à la monarchie absolue. Puis il se décide à les convoquer dans l'espoir de trouver une solution pour remplir les caisses de l'État.

États généraux

Assemblée convoquée par le roi, en période de crise.

→ info
La famille royale

Louis XVI et Marie-Antoinette sont tous les deux bien fragiles et peu efficaces pour gouverner la France.

■ La monarchie absolue

Elle est de droit divin : l'autorité du roi ne peut être ni contrôlée, ni limitée par personne sur terre : il n'y a que Dieu qui soit plus puissant que le roi.
On devient roi de père en fils ; les filles n'ont aucune chance de parvenir un jour au pouvoir. Ce régime politique constitue « l'Ancien Régime ».

■ Le roi Louis XVI

Louis XVI a 20 ans lorsqu'il monte sur le trône en 1774. Le petit-fils de Louis XV est un roi faible, très influençable, mal préparé à régner et peu intéressé par sa fonction. Louis XVI est davantage passionné par la serrurerie et n'a pas su s'entourer de conseillers compétents. Il ne réalise pas la gravité des événements auxquels il est confronté.

■ La reine Marie-Antoinette

Fille de l'impératrice d'Autriche Marie-Thérèse, d'où son surnom d'« Autrichienne », la reine entretient à Versailles les futilités de la Cour. Parfois, elle joue à la fermière au hameau qu'elle s'est fait construire dans le parc du château. Elle est belle, mais on la dit peu intelligente. Elle multiplie les maladresses. Marie-Antoinette a eu quatre enfants, dont le futur Louis XVII.

■ La vie à Versailles

On est loin des préoccupations du peuple à Versailles, où l'on ne se soucie que d'obtenir les faveurs royales. Le mépris affiché par **l'aristocratie*** pour la bourgeoisie, qui n'a pas accès à la Cour, produit un climat de tension. Par ailleurs, l'entretien de la Cour coûte très cher au peuple : un dixième des revenus de l'État !

Aristocratie
Les nobles.

→ info

Les trois ordres

À la veille des États généraux, les Français, inégalement répartis en trois ordres, la noblesse, le clergé et le tiers état, font entendre leur voix.

Paysan portant sur son dos un homme d'Église et un noble

■ Les cahiers de doléances

Dans tout le pays, dans chaque paroisse, dans chaque commune, on a rédigé des cahiers de **doléances*** : chacun y exprime librement ses critiques et ses souhaits. Lors de l'ouverture des États généraux, les députés élus de chaque ordre doivent apporter ces cahiers : 60 000 au total pour les trois ordres. L'ensemble constitue un témoignage de la France à la veille de la Révolution. Chaque ordre y défend sa cause.

Doléance
Plainte.

■ La noblesse

On distingue la noblesse d'épée, la plus ancienne (qui a seule le droit de porter l'épée) et la noblesse de robe, constituée de bourgeois anoblis. Cet ordre entend garder ses privilèges, mais demande aussi la liberté de pensée et la fin de l'**absolutisme*** du pouvoir royal.

Absolutisme
Régime où le pouvoir n'est soumis à aucun contrôle.

■ Le clergé

Il comprend le haut clergé, composé des cardinaux, des évêques et des grands de l'Église, tous issus de familles nobles, et le bas clergé, d'origine plus modeste, proche du peuple. L'Église possède un dixième des terres du pays ; elle perçoit un impôt, la dîme, mais n'en verse aucun à l'État. Cet ordre demande le maintien de ses privilèges.

■ Le tiers état

C'est la partie active et laborieuse de la population. Elle comprend :
- les bourgeois, qui tiennent l'économie du pays et remplissent les caisses de l'État,
- le « petit peuple des villes », ouvriers et petits artisans vivant d'un salaire de misère,
- enfin les paysans qui constituent la majeure partie de cet ordre et vivent misérablement.
Le tiers état réclame le droit de chasse, la fin des impôts seigneuriaux, de la dîme, de la gabelle, et surtout l'égalité devant l'impôt.

→ info
Les États généraux

Le nombre de députés dans les trois ordres pose un problème immédiat, dès le premier jour de la réunion.

■ La réunion d'ouverture

La réunion d'ouverture a lieu le 5 mai 1789 à Versailles dans la salle des Menus Plaisirs. Louis XVI s'adresse à l'Assemblée et demande aux députés de l'aider à rétablir les finances, mais il ne parle pas d'une éventuelle **constitution*** à élaborer. Les députés du tiers état sont très déçus.

> **Constitution**
> *Ensemble des lois qui déterminent le pouvoir d'un État.*

■ Les forces en présence

Pour la première fois, le nombre de députés du tiers état égale celui des deux autres ordres réunis : 578 députés contre 291 pour le clergé et 270 pour la noblesse. Mais cela reste peu par rapport aux 28 millions de membres que compte le tiers état, soit 97 % de la population française ! Et puis, à quoi cela sert-il d'avoir autant de députés si l'on vote par ordre et non par tête ? Cela ne fera jamais qu'une voix pour le tiers état contre deux pour la noblesse et le clergé !

Le serment du Jeu de paume

1789

■ Ça se dégrade

Pendant plus d'un mois, les députés du tiers état, de la noblesse et du clergé n'arrivent pas à se mettre d'accord sur la vérification de l'élection des députés. Finalement, le tiers état décide d'effectuer seul les contrôles avec quelques membres du bas clergé. Les députés des trois ordres ne siègent plus ensemble.

■ Le serment du Jeu de paume

Le 17 juin, le tiers état se proclame Assemblée nationale. Celle-ci décide aussitôt qu'on ne pourra plus prélever d'impôts sans l'accord de la nation. Le 20 juin, le roi, par réaction, interdit à l'Assemblée l'accès de la salle des Menus Plaisirs. Les députés trouvent refuge dans la salle du Jeu de paume. Ils jurent de ne pas se séparer avant d'avoir donné une constitution à la France.

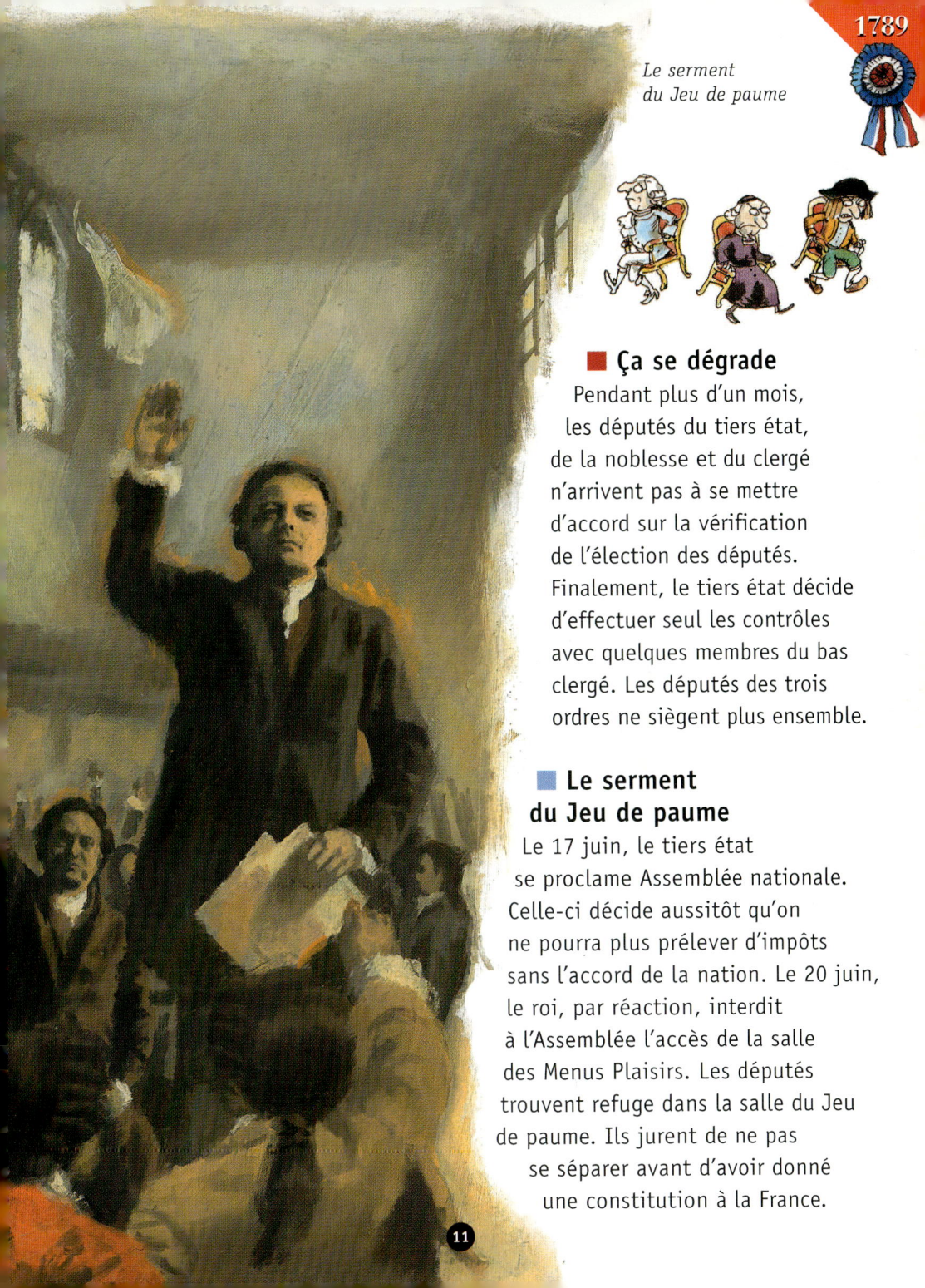

➜ info

La révolte gronde

Lorsque le roi fait venir les meilleurs régiments puis renvoie Necker, les Parisiens commencent à s'agiter. La monarchie absolue vit alors ses dernières heures.

■ Le roi a peur

Louis XVI, impressionné par la volonté du tiers état, ordonne aux députés des autres ordres de siéger à l'Assemblée. Désormais, tous les députés sont réunis dans une même assemblée.
Mais dès le 30 juin, le roi, poussé par son entourage, masse des troupes autour de Versailles et de Paris : 30 000 soldats suisses et allemands. cela inquiète les Parisiens.

■ L'Assemblée nationale constituante

Le 9 juillet, l'Assemblée nationale devient constituante. Elle aura pour rôle de voter des lois nouvelles pour le pays.
Elle rédigera la constitution de la France ; le roi n'aura plus tous les pouvoirs. C'est la fin de l'absolutisme.

1789

■ L'inquiétude monte

Le 11 juillet, le roi renvoie son ministre Necker, qui est alors très populaire. Cette nouvelle consterne les Parisiens. Par ailleurs, ils craignent un complot du roi contre l'Assemblée. Le 12 juillet, le petit peuple de Paris, ainsi que les **rentiers*** et les banquiers, inquiets pour leur argent, s'agitent. Dans les jardins du Palais-Royal, Camille Desmoulins, avocat et journaliste, s'adresse à la foule. Ce rassemblement tourne à l'émeute.

Rentier
Personne qui vit de ses revenus sans travailler.

■ Aux armes !

Des bandes armées de piques, de marteaux, de broches, parcourent les rues. Elles se retrouvent à l'Hôtel de Ville. 12 000 hommes, dont des nobles, des bourgeois, des prêtres et des financiers, vont former la garde nationale. Celle-ci va patrouiller toute la nuit dans la ville pour maintenir l'ordre.

→ info

Le 14 juillet 1789

Pour protéger leur Assemblée, les Parisiens vont jusqu'à prendre la Bastille. Cet événement restera le symbole de la Révolution française.

■ Des armes et des munitions !

Les Parisiens tentent de trouver des armes pour faire face aux troupes du roi. Dès le matin, ils pillent l'Hôtel des Invalides où ils découvrent des canons et des milliers de fusils. Puis ils se dirigent vers la forteresse de la Bastille pour y chercher des munitions.

■ La prise de la Bastille

Après des pourparlers avec le gouverneur de la Bastille, M. de Launay, des coups de fusil sont tirés sur la foule. C'est le début des combats. Au bout de quelques heures, la Bastille capitule. Le pont-levis se baisse et le peuple se rue à l'intérieur. À l'issue de l'affrontement, les assaillants comptent une centaine de morts. M. de Launay est décapité et sa tête est promenée dans Paris au bout d'une pique. Dès le lendemain, Bailly devient le premier maire de Paris et La Fayette prend le commandement de la garde nationale.

■ La force d'un symbole

Lorsque les Parisiens pénètrent dans la forteresse, la Bastille n'est gardée que par une faible garnison d'une centaine d'hommes et ne contient que sept prisonniers : elle est en voie de désaffection. Mais elle est encore le symbole de l'absolutisme royal. C'est pourquoi le 14 juillet, jour de la fête nationale, est une date si importante.

■ L'inconscience du roi

Louis XVI n'accorde pas d'importance à ces faits. Sur son agenda, à la date du 14 juillet, il note : « rien ». Au duc de La Rochefoucauld-Liancourt, homme politique de l'époque, il dit, en parlant de la prise de la Bastille : « C'est une révolte. » Ce dernier lui répond : « Non, Sire. C'est une révolution ! »

→ info

La Grande Peur

Tandis qu'à Paris, Louis XVI effectue des démarches apaisantes, c'est la panique dans les campagnes.

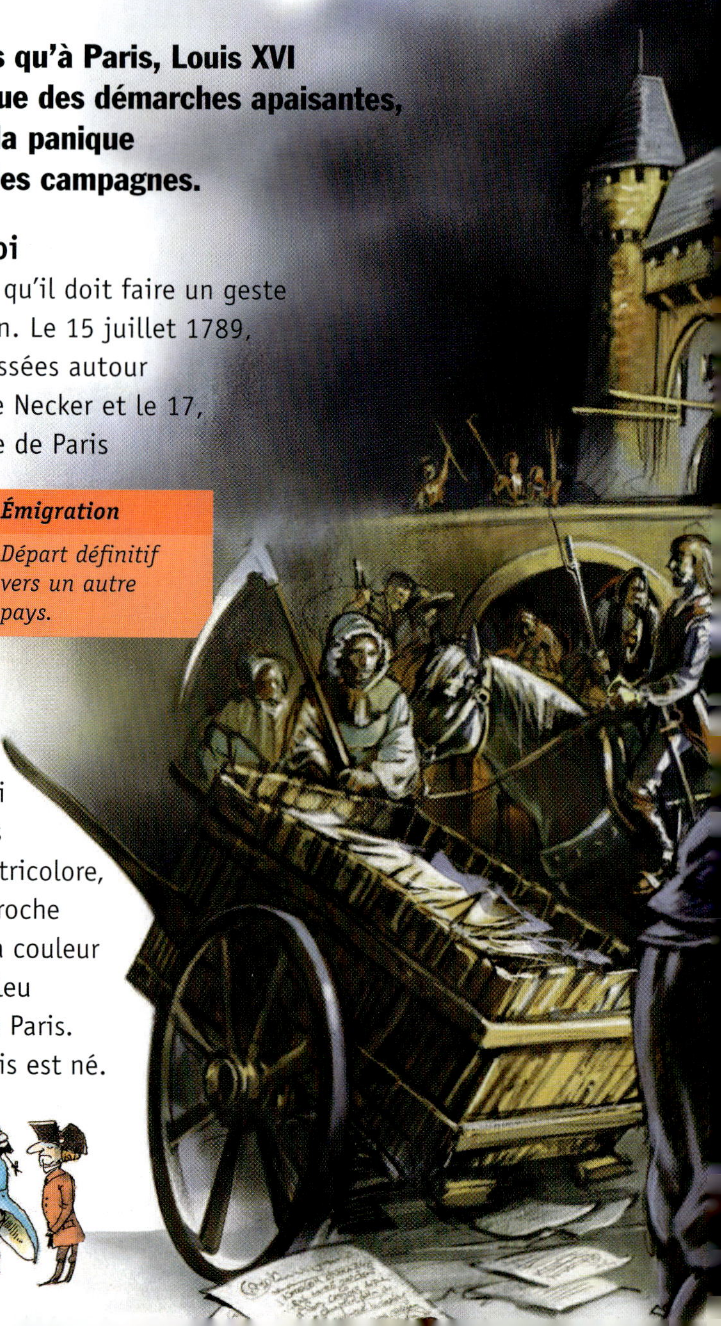

■ **Les initiatives du roi**

Louis XVI comprend enfin qu'il doit faire un geste pour rassurer la population. Le 15 juillet 1789, il renvoie les troupes amassées autour de Paris ; le 16, il rappelle Necker et le 17, il se rend à l'Hôtel de Ville de Paris pour calmer les esprits. Pendant ce temps-là, des courtisans apeurés donnent le signal de l'**émigration***.

Émigration
Départ définitif vers un autre pays.

■ **La cérémonie de l'Hôtel de Ville**

À Paris, Louis XVI, accueilli par Bailly, reçoit des mains de La Fayette une cocarde tricolore, bleu, blanc, rouge, et l'accroche à son chapeau. Le blanc, la couleur du roi, est placé entre le bleu et le rouge, les couleurs de Paris. Le nouveau drapeau français est né.

1789

■ L'arrivée des nouvelles en province

Depuis la réunion des États généraux, le bruit court en province que la noblesse complote avec les souverains européens pour disperser l'Assemblée et renforcer la monarchie.
La prise de la Bastille affole un peu plus les esprits. Entre le 20 juillet et le 6 août, bourgeois et paysans, paniqués, s'arment et s'unissent dans une haine commune contre les aristocrates. Ils sont plus que jamais décidés à ne pas payer leurs impôts. Ils commencent à attaquer les châteaux et à brûler les documents où sont consignées les charges dues aux seigneurs. Plus de papier, plus de preuve !

Paysans jetant au feu les preuves de leurs propriétés enchaînées

→ info

Le mois d'août

L'abolition des privilèges et la Déclaration des droits de l'homme et du citoyen auront des retentissements dans le monde entier.

■ L'abolition des privilèges

Pour rétablir le calme en province, les députés de la noblesse et du clergé sont prêts à faire quelques sacrifices. Dans la nuit du 4 août, l'Assemblée, enthousiaste, vote l'**abolition*** des privilèges : suppression de la corvée, des justices seigneuriales, du droit de chasse, de la dîme, des **corporations***, des privilèges des provinces, des villes et des individus, et la possibilité pour tout le monde d'accéder à tous les emplois. L'Ancien Régime s'écroule.

Corporation
Groupement de gens qui font le même métier.

Abolition
Suppression.

Article 1 :
Les hommes naissent et demeurent libres et égaux en droits.

■ Des rires et des larmes

Ces mesures sont prises au milieu des embrassades et des applaudissements. Les députés continuent à jeter les bases d'un nouveau régime et travailler sur les droits de l'homme. Malheureusement, les troubles se poursuivent à Paris, car on manque de pain. Louis XVI refuse d'approuver les lois du 4 août.

Article 2 :
Les droits naturels de l'homme sont la liberté, la propriété, la sûreté et la résistance à l'oppression.

1789

■ La Déclaration des droits de l'homme et du citoyen

Cette déclaration, adoptée le 26 août, affirme que « tous les hommes naissent et demeurent libres et égaux en droits. » Ce sont les principes de 1789 : la population, qui était alors inégalement répartie en trois ordres aux droits différents, est maintenant formée d'hommes reconnus égaux.

Cette femme représente la France brisant ses chaînes.

Ce triangle symbolise l'Égalité, et l'œil, en son milieu, la Vigilance.

Cette femme représente la Liberté.

Article 9 :
Tout homme est présumé innocent jusqu'à ce qu'il ait été déclaré coupable.

Article 10 :
Nul ne doit être inquiété pour ses opinions, même religieuses.

Article 11 :
Tout citoyen peut parler, écrire, imprimer librement.

→ info

Les journées d'octobre

Les Parisiens, de nouveau mis en colère par les maladresses de la famille royale, vont chercher le roi et le gouvernement à Versailles pour les ramener à Paris.

■ La nation provoquée

La situation économique ne fait qu'empirer : le pain devient rare et toujours plus cher. Le roi n'a pas donné suite à la Déclaration des droits de l'homme. Il craint pour son pouvoir. Il réunit à nouveau des troupes autour de Versailles. Il assiste à un banquet destiné à des officiers européens au cours duquel ceux-ci refusent de boire à la santé de la nation.

■ La marche des femmes

Le 5 octobre 1789, les Parisiennes, révoltées, partent pour l'Hôtel de Ville, en forcent les portes pour s'y armer. Des ouvriers se joignent à elles. Ils marchent sur Versailles pour demander du pain et l'accord du roi sur les mesures prises par l'Assemblée. Cette dernière est envahie et les abords du château sont bloqués. Le roi promet du blé et **ratifie*** les accords du 4 août.

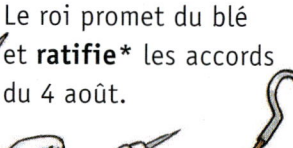

Ratifier
Reconnaître la validité d'un document.

1789

■ Le retour à Paris

Le lendemain, les émeutiers forcent l'entrée du château en tuant des gardes. Ils arrivent jusqu'à la chambre de la reine qui n'a eu que le temps de se réfugier auprès du roi. Louis XVI leur promet de revenir le jour même à Paris. Les femmes ramènent donc à Paris « le boulanger, la boulangère et le petit mitron », c'est-à-dire le roi, la reine et le **dauphin***. Inconsciente devant la gravité de la situation, Marie-Antoinette aurait dit : « S'ils n'ont pas de pain, qu'ils mangent de la brioche ! »

Dauphin
Fils héritier du roi.

■ De Versailles à Paris

Quelques jours plus tard, l'Assemblée rejoint Paris pour siéger dans le manège des Tuileries (qui servait autrefois aux exercices d'équitation). Désormais, l'Assemblée et le roi sont directement exposés à la pression du peuple parisien. À ce moment-là, le prestige de l'Assemblée est immense et celui du roi encore considérable. Il suffirait juste que le roi agisse loyalement…

Les femmes en armes marchent sur Versailles.

→ info

La fuite à Varennes

En tentant de s'enfuir à l'étranger avec sa famille, en juin 1791, Louis XVI va précipiter sa chute.

■ Le complot des aristocrates

Les nobles déplorent la suppression de leurs privilèges et veulent détruire l'œuvre de la Constituante. Ils prennent contact avec les souverains européens pour préparer une guerre contre la Révolution. Ces derniers n'y semblent pas encore décidés, sauf l'empereur d'Autriche pour aider sa fille Marie-Antoinette.

■ La famille royale en fuite

Louis XVI vit difficilement la perte de son absolutisme. Il est obligé de résider aux Tuileries. Il décide de rejoindre avec sa famille des troupes massées à Metz. Le 20 juin 1791, tous déguisés en bourgeois, ils fuient vers la Lorraine. Le roi est reconnu par Jean-Baptiste Drouet dans une auberge grâce à un louis d'or sur lequel son portrait est gravé. Il est arrêté à Varennes et ramené de force jusqu'à Paris.

La perte de confiance envers Louis XVI

La fuite du roi a provoqué la méfiance du peuple. Louis XVI a trahi. Certains membres de l'Assemblée demandent sa **destitution***. Le 17 juillet 1791, au Champ-de-Mars, à Paris, le peuple manifeste pour retirer au souverain tous ses pouvoirs. À la tête de la garde nationale, La Fayette fait tirer sur la foule. C'est un bain de sang.

Destitution
Perte de la fonction.

Le double jeu de la famille royale

Pour apaiser les esprits, le 14 septembre 1791, Louis XVI prête serment à la Constitution. Mais Marie-Antoinette et lui ont gardé des rapports avec les nobles émigrés et les souverains voisins. Pour contenter l'Assemblée, qui veut étendre la Révolution à l'Europe, il déclare la guerre à l'Autriche, le 20 avril 1792. Il est alors certain que la France sera battue et qu'il sera rétabli dans ses pouvoirs.

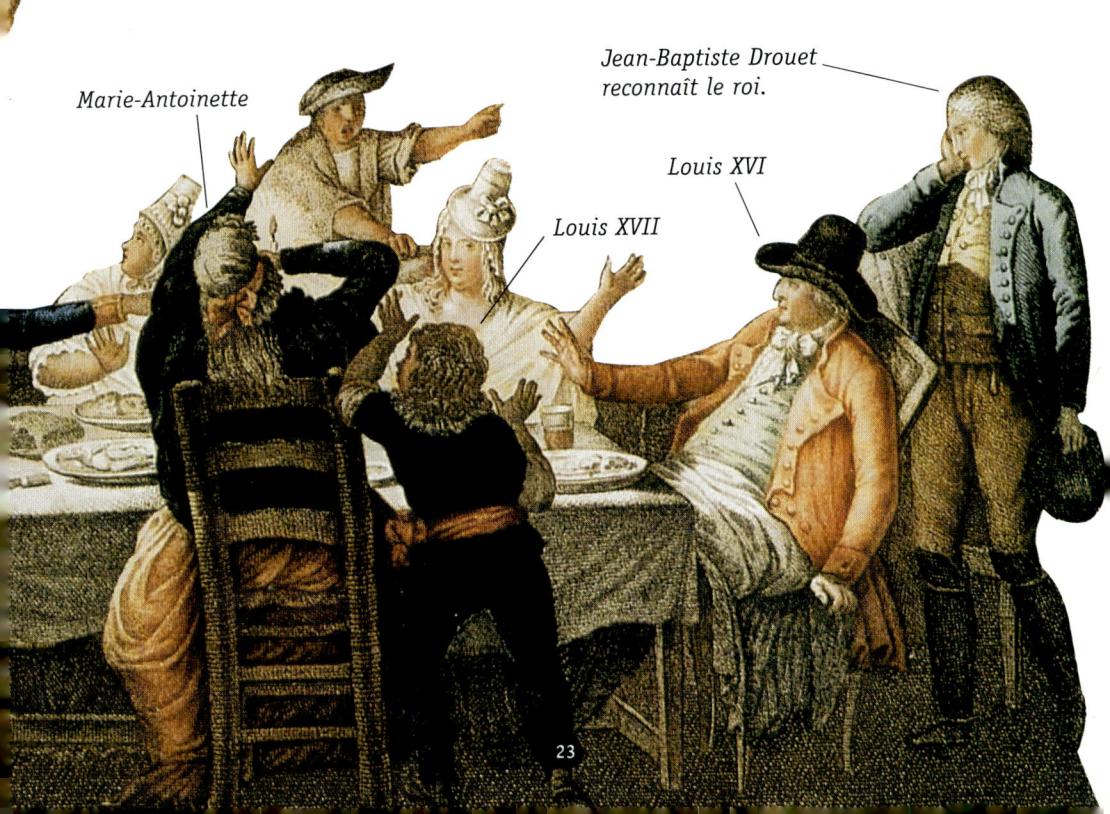

Marie-Antoinette

Jean-Baptiste Drouet reconnaît le roi.

Louis XVI

Louis XVII

→ info

La fin de la monarchie

Louis XVI joue un jeu dangereux avec les rois des pays voisins : la guerre est déclarée, mais la nation n'est pas en état d'y faire face.

■ Le désordre militaire

Face à l'Autriche et à la Prusse, les armées françaises sont désorganisées. Tous ses chefs sont en fuite à l'étranger. Les bataillons de volontaires, venus de toute la France, sont inexpérimentés et s'intègrent mal à ce qui reste de l'armée de métier.

■ La patrie en danger

Le 20 juin 1792, Louis XVI, soupçonné de trahison, est forcé par les **sans-culottes*** à boire à la santé de la nation, coiffé du bonnet phrygien. Le 11 juillet, face à l'avancée des troupes prussiennes, l'Assemblée déclare la patrie en danger. Dans la nuit du 9 au 10 août, les sans-culottes marchent sur les Tuileries. Il s'ensuit un carnage. Le roi et sa famille sont emprisonnés au Temple. La France n'est plus une monarchie.

Sans-culotte
Révolutionnaire parisien qui porte le pantalon, par opposition à la culotte portée sous l'Ancien Régime.

■ La bataille de Valmy

La rencontre a lieu le 20 septembre 1792, sur la colline de Valmy, en Champagne. Les Prussiens pensent bien en finir vite avec cette troupe de « va-nu-pieds ». Mais c'est compter sans l'enthousiasme et l'ardeur des Français qui montent à l'attaque en criant « Vive la nation ! » et en chantant. Les Prussiens sont mis en déroute, impressionnés par leurs adversaires. Pour la première fois, l'armée d'un peuple a vaincu l'armée d'un roi.

■ La proclamation de la République

L'Assemblée législative (qui a succédé à la Constituante en octobre 1791) a laissé la place, à son tour, à la Convention après les événements des Tuileries. Cette nouvelle assemblée proclame le 22 septembre 1792 l'abolition de la royauté et la première **République***. On entre dans l'an I de la République. Jusqu'en 1806, l'année sera désormais rythmée sur le calendrier « républicain ».

La bataille de Valmy

> *République*
> *Régime dans lequel le pouvoir est partagé et la fonction de chef d'État ne se transmet pas de père en fils.*

→ info

La mort du roi

Il n'y a plus de roi. Cependant la terreur va régner sur le pays. La France est en proie à la suspicion et à la dénonciation.

■ La nouvelle assemblée

La Convention est divisée en deux groupes rivaux. Les Montagnards, parmi lesquels Robespierre, Marat et Danton, occupent les sièges les plus élevés, à gauche de l'Assemblée. Les Girondins, dont les meilleurs orateurs viennent de la Gironde, siègent à droite. La nouvelle assemblée doit faire face à une situation critique : la guerre avec l'étranger et une grande agitation intérieure. En septembre 1792, plus d'un millier de personnes, soupçonnées de trahison, sont massacrées à Paris.

■ L'exécution de Louis XVI

En janvier 1793, l'Assemblée organise le procès du roi. Les lettres de Louis XVI à l'empereur d'Autriche prouvent que le roi a trahi. Sa mort est votée à une voix de majorité par 361 députés sur 721. Le 21 janvier, il est guillotiné sur l'actuelle place de la Concorde. Son exécution entraîne une guerre civile entre royalistes et révolutionnaires, notamment en Vendée (voir pp. 32-33). Marie-Antoinette, elle, est guillotinée le 16 octobre 1793.

1792-9

■ La Terreur

Face aux dangers extérieurs et intérieurs, la Convention resserre son pouvoir. Elle crée un gouvernement révolutionnaire, le Comité de salut public, composé de neuf Montagnards, et des tribunaux révolutionnaires. Les suspects comparaissent devant Fouquier-Tinville, l'accusateur public. La France connaît alors une période de dénonciations, d'arrestations et d'exécutions. Les mesures prises vont à l'encontre de la Révolution. La terreur règne sur le pays.

■ La mort de Robespierre

Le Comité de salut public instaure un régime de **dictature*** : aucun jugement ne peut être reporté, transformé ou annulé. Robespierre devient un monstre tyrannique. Pendant cette période, 40 000 personnes sont décapitées, parmi lesquelles Danton et Desmoulins. La Terreur prend fin le 10 thermidor an II (le 28 juillet 1794) lorsque Robespierre est à son tour guillotiné.

Dictature
Pouvoir absolu exercé par une personne ou par un groupe.

L'exécution du roi sur l'actuelle place de la Concorde

→ info

Les grandes figures

Robespierre (25 ans en 1789)
Avocat, député aux États généraux, c'est un grand orateur. L'Incorruptible, comme on le surnomme, est l'âme du Comité de salut public et de la Terreur. Devenu impopulaire après avoir fait trembler toute la France, il est guillotiné devant une foule joyeuse, le 28 juillet 1794. On lui doit la devise de la France : « Liberté, égalité, fraternité ».

Danton (30 ans en 1789)
Avocat, force de la nature, c'est aussi un excellent orateur. Il est un de ceux qui ont le plus servi la Révolution. Las des abus de la Terreur, il est accusé de mollesse révolutionnaire par Robespierre. Il est guillotiné le 5 avril 1794.

Camille Desmoulins
(29 ans en 1789)
Journaliste, avocat, il se révèle en appelant aux armes la foule réunie dans les jardins du Palais-Royal, le 12 juillet 1789. Fondateur de plusieurs journaux, il est guillotiné avec Danton.

de la Révolution

La Fayette (32 ans en 1789)
Général et homme politique.
Dès 1777, il s'illustre aux côtés des colons dans la guerre en Amérique. Après avoir été élu député aux États généraux, il devient commandant de la garde nationale. Il tente de réconcilier le roi et la Révolution lors des journées d'octobre 1789 et de la fête de la Fédération, en 1790. Il est obligé de quitter la France pour avoir défendu le roi, après sa fuite à Varennes.

Mirabeau (40 ans en 1789)
Homme politique élu, bien que noble, député du tiers état. Grand orateur, il défend la nation contre les abus des privilégiés et l'absolutisme royal. Lors du serment du Jeu de paume, il a une phrase célèbre : « Allez dire au roi que nous sommes ici par la volonté du peuple et que nous n'en sortirons que par la force des baïonnettes. » On découvrira plus tard qu'il servait le roi en secret.

Marat (46 ans en 1789)
Médecin puis journaliste, il fonde le journal *L'Ami du peuple*. Il critique violemment les nobles et les prêtres. Ses attaques lui valent d'être assassiné dans sa baignoire, le 13 juillet 1793, par Charlotte Corday, une jeune provinciale qui le tenait responsable des malheurs de la France.

→ info

La vie sous la Révolution

Les habitudes quotidiennes ont été bouleversées pendant la période révolutionnaire, entraînant d'autres rapports humains et d'autres coutumes.

■ En ville

Dans les immeubles, les plus riches vivent en bas et les plus pauvres en haut. Il n'y a pas d'eau courante, elle est apportée par des porteurs d'eau. Le pain est la nourriture principale : brun et sec pour les pauvres, blanc et moelleux pour les plus aisés. On consomme aussi carottes, fèves, choux et pois ; la viande et le poisson sont réservés aux jours de fête.

■ À la campagne

Pour les paysans, la soupe est le plat unique des deux repas de la journée. Elle est constituée de légumes, de pain et de lard. Ils l'accompagnent de mauvais vin coupé d'eau, la « piquette », de bière, ou de cidre.

Bonnet phrygien

Carmagnole

Bonnet à ruban

Fichu

Pantalon (aux couleurs du drapeau français)

■ L'intérêt pour la politique

La presse se développe : plus de 500 journaux apparaissent, dont *L'Ami du peuple* de Marat, et *Le Père Duchesne* de Hébert, journal très grossier. On aime se réunir et discuter des idées nouvelles dans des clubs, comme celui des Cordeliers à Paris. Il existe aussi des sociétés dans les campagnes qui expliquent au peuple les droits de l'homme.

■ Le changement du quotidien

Le peuple s'habille et se coiffe différemment. Pour les femmes, jupes, corsages et camisoles de coton bleu, jaune, violet ou rose et bonnets à rubans ou fichus. Pour les hommes, des pantalons et une courte veste (la carmagnole) et sur la tête le bonnet phrygien. On s'appelle « citoyen » ou « citoyenne » et on se tutoie. Il n'y a plus de fêtes religieuses, mais des fêtes républicaines.

Culotte

Camisole

→ **info**

La guerre

Pendant des mois, les Vendéens, catholiques et royalistes (comme le rappelle leur insigne), vont faire trembler la République.

La mort du roi, la réforme de l'Église et la levée en masse de soldats ont provoqué le soulèvement des Vendéens.

■ **La réforme de l'Église**
Depuis le 12 juillet 1790, les membres du clergé doivent prêter serment à la nation et au roi. Ils sont au service de l'État et n'ont plus de lien avec le pape. L'Église est coupée en deux : les « jureurs », fidèles à la Constitution, et les « réfractaires », hors-la-loi. Ces derniers sont nombreux dans l'ouest de la France.

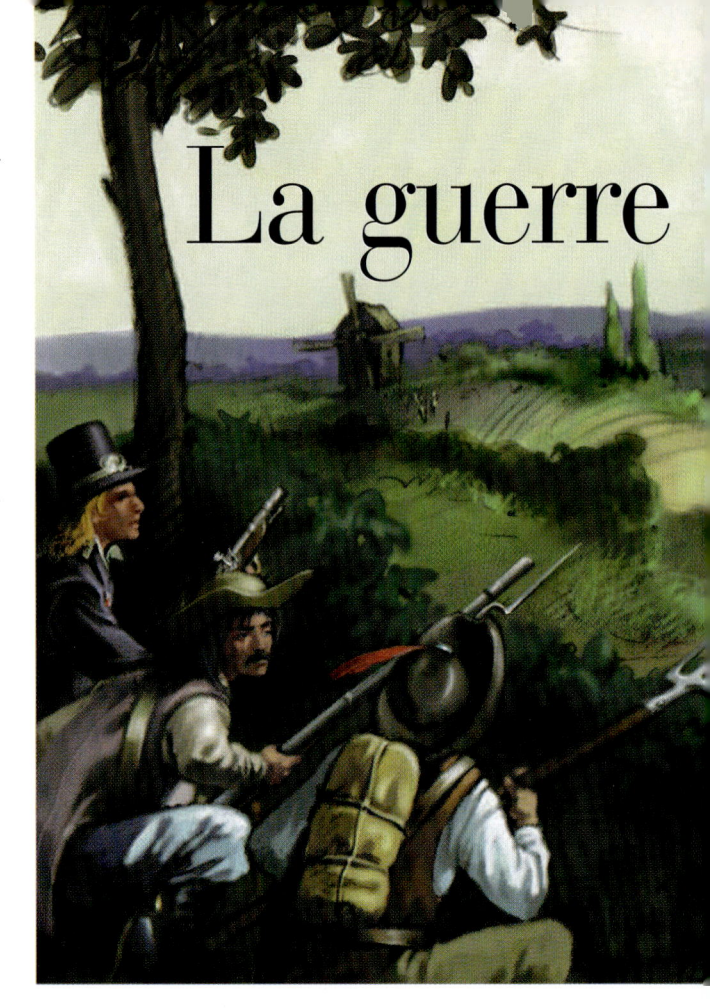

■ **Le soulèvement**
Déjà mécontentés par la réforme de l'Église, les Vendéens sont indignés par la mort du roi et refusent de lever des hommes pour défendre la patrie. Encouragé par les prêtres, le soulèvement a lieu en mars 1793. Le pays de **bocage*** favorise les embuscades. Les Blancs, c'est-à-dire les Vendéens, torturent et tuent leurs prisonniers. Les Bleus, les républicains, brûlent les villages et massacrent femmes et enfants.

Bocage
Région où les prés sont fermés par des haies ou des arbres.

de Vendée

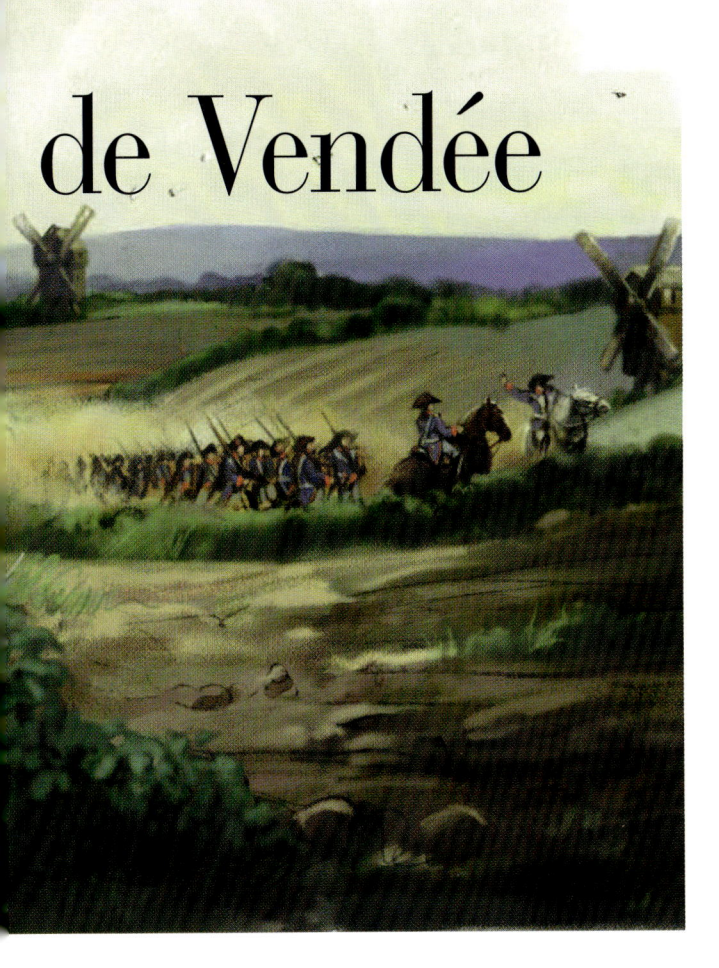

■ La stratégie vendéenne

Toute la population est solidaire. Pour se reconnaître, les Chouans imitent le cri de la chouette, ou chat-huant, d'où leur nom. Ils communiquent aussi grâce à l'orientation des ailes de leurs moulins : elle indique la position de l'ennemi. Leurs chefs viennent de différents milieux : Charette et La Rochejacquelein sont nobles, Stofflet et Cathelineau sont **roturiers***.

> *Roturier*
> *Qui n'est pas noble.*

■ Une guerre cruelle

La guerre de Vendée fait plus de 100 000 victimes. Les Blancs connaissent d'abord le succès, puis sont mis en déroute par les troupes organisées de Kléber et Marceau. Les Blancs traversent la Loire pour rejoindre Granville, où ils comptent sur l'aide des Anglais qui ne viennent pas. Sur le chemin du retour, ils sont écrasés par les Bleus. L'armée vendéenne est définitivement battue en décembre 1793. Toutefois, certains de ses chefs continueront la lutte jusqu'en 1795-96.

→ info

Vers une France nouvelle

De nombreuses mesures prises par la Constituante et par la Convention sont encore d'actualité.

■ **Le nouveau découpage de la France**

Le 26 février 1790, la France est désormais découpée en 83 départements, comportant chacun un **chef-lieu***. Il est convenu qu' « aucun endroit du département ne doit se trouver à plus d'une journée à cheval d'un autre endroit de ce même département ».

Les cantons et les communes sont aussi créés.

> **Chef-lieu**
> Ville principale d'un département.

■ **Des mesures unifiées**

Sous l'Ancien Régime, d'une région à l'autre et parfois même d'un village à l'autre, les mesures de longueur, de masse, de capacité étaient très différentes. En 1790, la Constituante charge des savants de déterminer des mesures universelles. De leurs études naissent le mètre, le kilogramme et le litre.

■ La vie des Français

Avec la Révolution, la France fait sa devise des trois mots « liberté », « égalité », « fraternité ». Dans les familles, il n'y a plus de droit d'aînesse : tous les enfants ont des parts égales au moment de la succession. L'esclavage est aboli dans les colonies. Les Français deviennent égaux devant la loi et l'impôt. Ils sont libres de pratiquer la religion de leur choix et d'exercer tous les emplois publics. La presse obtient la liberté d'expression. La torture et le supplice sont interdits. Toute naissance, tout mariage ou décès sont dorénavant consignés à l'état civil, dans les mairies, et non plus à l'église.

■ De nouvelles institutions

De nombreux établissements sont créés ou profondément transformés sous la Révolution. L'École normale va désormais former des professeurs, l'école des Arts et Métiers, les Ponts et Chaussées et Polytechnique des ingénieurs. Les Archives et la Bibliothèque nationales, le musée du Louvre, ainsi que le Muséum d'histoire naturelle voient le jour.

→ **info**

Souvenirs de la Révolution

Le drapeau tricolore
Son origine remonte à juillet 1789, lorsque Louis XVI associe, à l'Hôtel de Ville de Paris, le blanc, couleur royale, au bleu et au rouge de la ville de Paris.

Bonnet phrygien
Ce bonnet de laine rouge rappelle celui porté jadis à Rome par les esclaves récemment libérés. Adopté par les gens du peuple, il devient l'un des symboles de la République.

Le coq gaulois
Pendant la Révolution, il remplace les armes du roi sur les étendards. Il figure toujours aujourd'hui sur les documents officiels de la République. C'est l'emblème des sportifs français dans les épreuves internationales.

L'assignat
C'est l'ancêtre du billet de banque. Créé sous la Révolution, il est garanti par les biens confisqués à l'Église le 2 novembre 1789.

Marianne

Autre symbole de la République, elle trône dans toutes les mairies, toujours coiffée du bonnet phrygien. Après Brigitte Bardot dans les années 60, puis Catherine Deneuve, entre autres modèles, Marianne a pris les traits de Lætitia Casta en 1999.

Floréal

1ʳᵉ décade	2ᵐᵉ décade	3ᵐᵉ décade
1 Rose	11 Rhubarbe	21 Statice
2 Chêne	12 Sainfoin	22 Frilliaire
3 Fougère	13 Bâton-dor	23 Bourrache
4 Aubépine	14 Chamérops	24 Valériane
5 Rossignol	15 Ver-à-soie	25 Carpe
6 Ancolie	16 Consoude	26 Fusain
7 Muguet	17 Pimprenelle	27 Civette
8 Champignon	18 Corbeille d'or	28 Buglose
9 Hyacinthe	19 Artoche	29 Sénevé
10 Râteau	20 Sarcloir	30 Houlette

CALENDRIER RÉPUBLICAIN

Le calendrier républicain

Inventé par le poète Fabre d'Églantine, il comprend douze mois de 3 décades (dix jours) : ventôse est le mois du vent, floréal celui des fleurs… Les noms des saints et des fêtes religieuses sont remplacés par des noms d'animaux, d'outils et de légumes.

RENDEZ-VOUS À VER À SOIE EN FLORÉAL À MIDI…
JE PRÉFÈRE À RÂTEAU À MINUIT !

MARCHE DES MARSEILLOIS
CHANTÉE SUR DIFÉRANS THÉATRES
Chez Frere Passage du Saumon

La Marseillaise

L'hymne national fut commandé à Rouget de Lisle, soldat et musicien, par le maire de Strasbourg, le 25 avril 1792. Il fut intitulé chant de guerre pour l'armée du Rhin. Ce sont les soldats marseillais qui le rendirent célèbre, d'où son nom actuel.

ANECDOTES

LA FÊTE DE LA FÉDÉRATION

Le premier anniversaire de la prise de la Bastille, le 14 juillet 1790, fut l'occasion d'une fête grandiose pour plus de 300 000 Français. De grands travaux furent effectués par les Parisiens au Champ-de-Mars. Il fallut aplanir le terrain. On y vit des nobles, des moines et même de belles dames manier la pelle et y bâtir un Arc de triomphe, un autel de la Patrie et un amphithéâtre ! La famille royale et tous les participants répétèrent après La Fayette le serment de fidélité à la nation et à la Constitution.

Incroyable

L'ÉNIGME DE LOUIS XVII

Le dauphin fut emprisonné au Temple avec sa famille avant d'en être séparé en juillet 1793. Cet enfant de huit ans, héritier du trône, fut séquestré et emmuré. Il mourut en captivité des suites de la tuberculose en 1795. Des rumeurs circulèrent : Louis XVII n'était pas mort, on l'avait fait s'évader en lui substituant un enfant malade. Au début du XIXe siècle, une trentaine de faux Louis XVII se manifestèrent !

LA GUILLOTINE

Député de la Constituante, le Dr Guillotin proposa l'utilisation de la guillotine pour épargner au condamné les lenteurs et les maladresses du bourreau. Connue au XVIIe siècle, cette machine servant à décapiter fut alors remaniée par le Dr Louis ; on appela l'instrument « louison ». Testée sur des animaux, puis des cadavres, la guillotine fut utilisée pour la première fois le 25 avril 1792 pour décapiter un voleur de grand chemin. La dernière exécution publique eut lieu le 17 juin 1939 à Versailles. Après 1939, les exécutions se déroulèrent derrière les murs de la prison. C'est le 10 septembre 1977 que la guillotine fit tomber en France sa dernière tête.

mais vrai !

LA DÉMOLITION DE LA BASTILLE

La démolition de l'ancienne prison fut ordonnée après les événements de 1789. Elle fut dirigée par un riche entrepreneur : Palloy. Celui-ci se servit des pierres de la forteresse pour se faire construire une maison à Sceaux, qui existe toujours, et pour édifier le pont de la Concorde. Ensuite, il fit sculpter 83 maquettes de la Bastille qu'il envoya dans chacun des nouveaux départements français. Elles étaient censées rappeler l'horreur de l'absolutisme.

JEU

Paris s'enflamme !

Cette scène se déroule dans la capitale en 1789. Cependant, l'illustrateur a représenté vingt objets ou personnages qui n'existaient pas à l'époque. Sauras-tu les retrouver ?

Solutions page 47

DULCE ET DECORUM PRO PATRIA MO

TAXI

507BJ75

BASTI

Charlotte Corday  — Camille Desmoulins  — Robespierre  — Hébert  — Danton

ACTIVITÉ

Un chamboule-tout révolutionnaire

Beaucoup moins sanglant que la guillotine, ce chamboule-tout te permettra de te payer la tête des grandes figure de la Révolution !

Règle du jeu

On dispose les boîtes en pyramide à l'intérieur du décor : quatre boîtes à la base, puis trois, puis deux. Le joueur, muni d'une balle, se recule de quelques mètres. Il a droit à quatre lancers pour faire tomber toutes les boîtes.

Louis XVI

Marie-Antoinette

Fouquier-Tinville

Bailly

Ces neuf personnages ont tous été guillotinés au cours de la Révolution.

Il te faut :
- 9 boîtes de conserve vides (1 kg),
- 2 grands cartons d'emballage (50 x 70 cm),
- de la peinture (bleu, blanc, rouge, noir et vert),
- 12 ballons de baudruche, (bleu, blanc, rouge),
- 1 paquet de lentilles,
- 1 rouleau de film alimentaire.

❶ **Agrandis les dessins des têtes à la photocopieuse (à 330%), découpe-les en suivant les pointillés, colorie-les à ta guise et colle-les sur les boîtes, comme sur la photo.**

❷ **Découpe les cartons suivant le schéma et peins-les.**

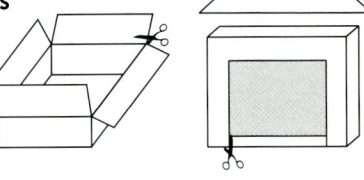

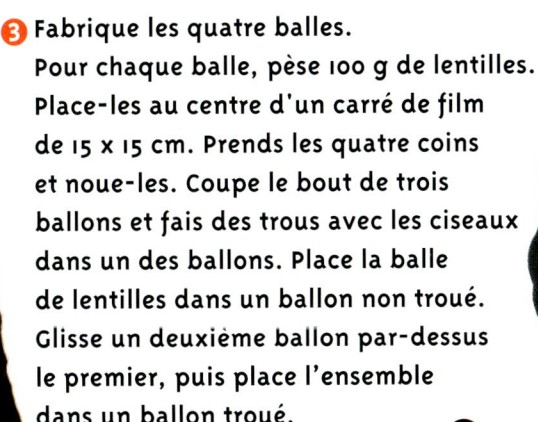

❸ **Fabrique les quatre balles.**
Pour chaque balle, pèse 100 g de lentilles. Place-les au centre d'un carré de film de 15 x 15 cm. Prends les quatre coins et noue-les. Coupe le bout de trois ballons et fais des trous avec les ciseaux dans un des ballons. Place la balle de lentilles dans un ballon non troué. Glisse un deuxième ballon par-dessus le premier, puis place l'ensemble dans un ballon troué.

Le sais

TEST

➜ **Parmi ces mots, trois sont des symboles de la République. Lesquels ?**
- Liberté ?
- Vérité ?
- Fierté ?
- Loyauté ?
- Égalité ?
- Fraternité ?

Liberté, Égalité, Fraternité.

➜ **Quel chant révolutionnaire deviendra l'hymne national sous le nom de *Marseillaise* ?**
- *Ah, ça ira* ?
- *La carmagnole* ?
- *Le chant de guerre pour l'armée du Rhin* ?
- *Dansons la capucine* ?

Le chant de guerre pour l'armée du Rhin.

➜ **Le 21 janvier 1793, au moment de l'exécution du roi, il y eut de très forts roulements de tambour...**
- Pour l'empêcher de parler au peuple ?
- Pour couvrir ses cris de peur ?
- Pour célébrer l'événement ?
- Pour empêcher les gens de crier « vive le roi » ?

Pour l'empêcher de parler au peuple.

➜ **Les sans-culottes portaient ce nom parce qu'ils...**
- se promenaient en short ?
- portaient des pantalons et non pas des culottes ?
- portaient des caleçons ?

Ils portaient des pantalons.

➜ **Quel était le surnom de Marie-Antoinette ?**
- La Dame de fer ?
- L'Autrichienne ?
- Madame Sans-Gêne ?

L'Autrichienne.

➜ **Un condamné à mort, en montant sur l'échafaud, dit au bourreau : « Tu montreras ma tête au peuple, elle en vaut la peine. » C'est :**
- Robespierre ?
- Danton ?
- Louis XVI ?

Danton.

tu ?

➜ **Parmentier rapporte un nouveau légume d'Amérique. Les Français mettent longtemps à l'adopter. Il s'agit de :**
- la carotte ?
- la fève ?
- le navet ?
- la pomme de terre ?

La pomme de terre.

➜ **À partir de la Révolution, la mesure d'un mètre fut calculée…**
- d'après la longueur d'une jambe humaine ?
- en prenant le quarante millionième du tour de la Terre ?
- d'après la longueur d'un pain ?

En prenant le quarante millionième du tour de la Terre.

Index

Absolutisme 8, 22
Ancien Régime 6, 18
Angleterre 2
Assemblée constituante 12, 14, 18, 20, 21, 22, 23, 24, 25, 34
Assemblée législative 25
Assemblée nationale 11
Assignat 36
Autriche 22, 23, 24, 37

Bailly (Jean-Sylvain, 1736-1793) 15, 16
Bastille 14, 15, 39
Bonnet phrygien 24, 31, 36, 37

Cathelineau (Jacques, 1759-1793) 33
Charette de La Contrie (François Anathase de, 1763-1796) 33
Chouans 33
Clergé 4, 8, 9, 11, 32
Convention 25, 26, 27, 34
Corday (Charlotte, 1768-1793) 29

Danton (Georges Jacques, 1754-1794) 26, 27, 28
Desmoulins (Camille, 1760-1794) 13, 27, 28
Doléances 8
Droits de l'homme 18, 19, 20, 31
Drouet (Jean-Baptiste, 1763-1824) 22

Esclavage 35
État civil 35
États généraux 5, 8, 10, 17, 28
États-Unis 2

Fouquier-Tinville (Antoine Quentin, 1746-1795) 27

Garde nationale 13, 23, 29
Girondins 26
Granville 33

Guillotine 39

Hébert (Jacques René, 1757-1794) 31

Impôts 3, 4, 9, 17

Kléber (Jean-Baptiste, 1753-1800) 33

La Fayette (Gilbert Motier, marquis de, 1757-1834) 15, 16, 23, 29
La Rochefoucauld-Liancourt (François Alexandre, duc de, 1747-1827) 15
La Rochejaquelein (Henri du Vergier, comte de, 1772-1794) 33
Launay (Bernard Jordan de, 1740-1789) 15
Louis XV (1710-1774), roi de France (1715-1774) 7
Louis XVI (1754-1793), roi de France (1774-1791), puis roi des Français (1791-1792) 2, 5, 6, 7, 10, 12, 15, 16, 18, 21, 22, 23, 24, 26
Louis XVII (1785-1795) 7, 38

Marat (Jean-Paul, 1743-1793) 26, 29, 31
Marceau (François, 1769-1796) 33
Marianne 37
Marie-Antoinette (1755-1793) 6, 7, 21, 22, 23, 26
Marie-Thérèse (1717-1780), impératrice d'Autriche (1745-1780) 7
Marseillaise 37
Mirabeau (Honoré Gabriel Riqueti, comte de, 1749-1791) 29
Monarchie absolue 2, 5, 6, 24
Montagnards 26
Montesquieu (Charles de Secondat, baron de La Brède et de, 1689-1755) 2

Necker (Jacques, 1732-1804) 13, 16

Pain 4, 18, 20, 31
Paris 12, 18, 20, 21, 22, 23, 26
Presse 31, 35

Privilèges 18, 36
Prusse 44

République 25, 36, 37
Robespierre (Maximilien de, 1758-1794) 26, 27, 28
Rouget de Lisle (Claude Joseph, 1760-1836) 37
Rousseau (Jean-Jacques, 1712-1778) 2

Stofflet (Jean Nicolas, 1751-1796) 33
Serment du Jeu de paume 11

Terreur 47, 48
Tiers état 24, 25, 28, 29, 30, 49

Valmy 25
Varennes 22, 29
Vendée 26, 32, 33
Versailles 7, 10, 12, 20
Voltaire (1694-1778) 2

Washington (George, 1732-1799), 1er président des États-Unis 2

Solutions du jeu des pages 40-41

Il fallait retrouver : la **poubelle** devant la boulangerie, le **séchoir électrique** chez le perruquier, les **stores vénitiens** au-dessus de la blanchisserie, l'**inscription «Défense d'afficher, loi du 29 juillet 1881»**, le **panneau de stationnement**, le **bâton blanc** de l'agent de police, le **groupe de touristes japonais** avec leurs appareils photo, la **raquette de tennis** de l'un des manifestants, la **tenue de camouflage** d'un autre manifestant, le **baladeur** du jeune à sa fenêtre, la **plaque d'immatriculation**, les **feux de position** et la **roue de secours** sur les différentes calèches, l'**inscription «taxi»** sur la chaise à porteurs, le **vélo tout terrain**, la **station de métro «Bastille»**, la **cabine téléphonique**, la **caméra de surveillance** au-dessus du portail de l'église, la **statue de Napoléon**, le **feu tricolore** et l'**antenne parabolique**.

Un dossier de **Martine Borda**,
illustré par **Marc Botta** (10-11), **Erwan Fagès** (12-13, 14-15, 20-21),
Laurent Lolmède (34-35), **Olivier Nadel** (16-17, 24-25, 32-33),
Olivier Schwartz (8-9, 30-31), **Michel Sinier** (2-3, 4-5, 6-7),
Anne Wilsdorf (28-29).

Une activité de **Béatrice Garel**.

Vignettes humoristiques : **Anne Wilsdorf**.
Jeu : **Daniel Guerrier**.
Tests et anecdotes : **Guillaume Decaux**.

Édition : **Jean-Christophe Fournier**.
Maquette : **Lieve Louwagie**.
Recherche iconographique : **Nadine Gudimard**.

Crédits photographiques
Couverture : bm : archives Nathan ; p. 26-27 et 36 b : Coll. Archives Larbor ;
p. 2, 8, 10, 19, 22-23, 32 et 36-37 (sauf 36 b) : archives Nathan ;
p. 42-43 : F. Hanoteau/Nathan.

Merci à Charline Macry pour sa figuration dans l'activité

© Nathan / VUEF 2002
Conforme à la loi n°49 956 de juillet 1949 sur les publications destinées à la jeunesse
ISBN : 209 250155-0